BEI GRIN MACHT SICH IHR WISSEN BEZAHLT

- Wir veröffentlichen Ihre Hausarbeit,
  Bachelor- und Masterarbeit

- Ihr eigenes eBook und Buch -
  weltweit in allen wichtigen Shops

- Verdienen Sie an jedem Verkauf

Jetzt bei www.GRIN.com hochladen und kostenlos publizieren

Neurophysiologie des Lernprozesses in der Primarschulzeit

Michael Hubig

Bibliografische Information der Deutschen Nationalbibliothek:

Die Deutsche Nationalbibliothek verzeichnet diese Publikation in der Deutschen Nationalbibliografie; detaillierte bibliografische Daten sind im Internet über http://dnb.d-nb.de abrufbar.

ISBN: 9783346579027
Dieses Buch ist auch als E-Book erhältlich.

© GRIN Publishing GmbH
Nymphenburger Straße 86
80636 München

Druck und Bindung: Books on Demand GmbH, Norderstedt Germany
Gedruckt auf säurefreiem Papier aus verantwortungsvollen Quellen

Das vorliegende Werk wurde sorgfältig erarbeitet. Dennoch übernehmen Autoren und Verlag für die Richtigkeit von Angaben, Hinweisen, Links und Ratschlägen sowie eventuelle Druckfehler keine Haftung.

Das Buch bei GRIN: https://www.grin.com/document/1169094

Neurophysiologie des Lernprozesses

in der Primarschulzeit

Michael Hubig
Minden, 23.11.2021

Inhaltsverzeichnis:

Abbildungsverzeichnis:

I.   Abkürzungsverzeichnis

Abs.	-	Absatz
bzw.	-	beziehungsweise
d.h.	-	das heißt
evtl.	-	eventuell
etc.	-	(lat.) et cetera
ESE	-	emotionale-soziale Entwicklung (Förderbedarf)
et.al.	-	(lat.) et alii, und andere
ggf.	-	gegebenenfalls
Hrsg.	-	Herausgeber
op.cit.	-	(lat.) opere citato, gleiche Quelle
SGB	-	Sozialgesetzbuch
SPF	-	Sonderpädagogischer Förderbedarf
UN	-	United Nations / Vereinte Nationen
vgl.	-	vergleiche

1. Einleitung

1.1 Formen menschlichen Lernens

Das Lernen als Anpassungsleistung an die Umwelt, welche mit neuen Fähigkeiten oder Eigenschaften einhergeht, ist sowohl in der Tierwelt als auch für den Menschen von existenzieller Bedeutung. Lernen kann bewusst oder unbewusst, durch Beobachtung, Imitation, Konditionierung, oder durch Aufnahme von Informationen mit allen Sinnen erfolgen. Auch wenn alle möglichen Formen des Lernens für den Menschen relevant sind, so fokussiert sich das allgemeine Verständnis häufig eher auf das Lernen als Wissenserwerb. Eine sich vermutlich etablierende Besonderheit der gegenwärtigen Zeit ist die, dass erworbenes Wissen in immer kürzeren Abständen aktualisiert werden muss. Hinsichtlich des Wissenserwerbs besteht daher in der heutigen Gesellschaft mehrheitlich die Auffassung, dass Lernen ein lebenslanger Prozess ist. Die Zeiträume, in denen zu vermittelnde Wissensinhalte überholt sind und aktualisiert werden müssen, werden kürzer, gleichermaßen sind Lehr- und Unterrichtsmethoden vielfältiger geworden und ebenso vielfach in einem Wandel befindlich.

In dieser Arbeit soll der Lernprozess insbesondere für Kinder im schulischen Bereich betrachtet werden. Dabei sollen neurophysiologische Grundlagen des Lernens erläutert und auf dieser Basis Lernprozesse für Kinder in der Grundschulzeit betrachtet werden. Unter Berücksichtigung der sich aus den Grundlagen ergebenden förderlichen Lernvoraussetzungen sollen Lern- und Unterrichtsmethoden untersucht und Hinweise gegeben werden, welche Methoden in Abhängigkeit von den jeweiligen Voraussetzungen erfolgversprechend sind.

1.2 Definition des Begriffs „Lernen"

Hammerl und Grabitz erläutern es so: Während im Allgemeinen mit dem Begriff „Lernen" der Erwerb von Kenntnissen und Fertigkeiten verstanden wird, subsumiert die psychologische Betrachtungsweise auch Anpassungsleistungen des Individuums an die natürliche und soziale Umwelt darunter, wozu unter Umständen auch pathologische Verhaltensmuster gehören. Damit kann das Lernen als Verhaltensänderung so definiert werden: Lernen ist ein auf Erfahrung, Übung oder Beobachtung basierender Prozess, der zu relativ überdauernden Veränderungen im Verhaltenspotenzial führt. Das Lernen als Wissenserwerb, auf welches sich diese Arbeit in erster Linie bezieht, definieren sie zusammengefasst: Lernen bezeichnet dem

Aufbau und Gebrauch komplexer mentaler Wissensrepräsentationen (Funke & Frensch, 2006, S. 203-204).

1.3 Fragestellung

Zur in 1.1. beschriebenen Betrachtung von Lernprozessen und Lernmethoden wird für diese Arbeit folgende Leitfrage formuliert: „Wie kann der Lernprozess für Kinder in der Primarschulzeit unter besonderer Berücksichtigung individueller Voraussetzungen möglichst effektiv und förderlich gestaltet werden?

1.4 Aufbau der Arbeit

Unter Berücksichtigung der eingangs dargestellten Thematik sollen zunächst die neurophysiologischen Grundlagen des Lernprozesses dargestellt werden. Diese Grundlagen werden im ersten Teil des Hauptteils erläutert, weiterhin werden hier die unterschiedlichen Lernformen, Speichervorgänge und Speicherarten skizziert. Im zweiten Teil des Hauptteils soll konkret herausgestellt werden, welche Faktoren für ein erfolgreiches Lernen förderlich sind und welche sich hier eher hemmend auswirken. Dabei werden sowohl Lern- und Unterrichtsmethoden angesprochen, als auch ein Vergleich zum Modell des "Nürnberger Trichters" gezogen. Neben den Methoden wird auch auf verschiedenen Lerntypen und sich daraus ergebende Anforderungen eingegangen. Die Darstellung soll die Anforderungen von Kindern in der Primarschulzeit betrachten und damit die Fragestellung aus 1.3. beantworten. Im Fazit sollen diese Ergebnisse nochmals zusammengefasst betrachtet werden und abschließend mögliche Empfehlungen hinsichtlich der Gestaltung einer förderlichen Lernumgebung und Umsetzung positiver Lernprozesse gegeben werden.

2. Lernprozesse

2.1 Der Neurophysiologische Prozess des Lernens

Eine Grundvorrausetzung für den Erwerb und erfolgreiche Speicherung neuer Wissensinhalte ist die Fähigkeit, diese in geeigneter Form zu speichern. Eine bekannte Form der Beschreibung des menschlichen Gedächtnisses ist das 3-Speicher-Modell von Atkinson und Shiffrin. Diese gehen davon aus, dass alle Information über unsere Sinnesorgane aufgenommen und unmittelbar an unser sensorisches Gedächtnis weitergeleitet werden, wo sie identifiziert bewertet und ggf. weitergeleitet werden (Kröninger & Pietzsch, 2014, S. 21). Dabei beträgt die Speicherdauer im sensorischen oder Ultrakurzgedächtnis ¼ -2 Sekunden, im Kurzzeit-Gedächtnis bis zu 30 Sekunden und im Langzeitgedächtnis Minuten bis Jahre. Die Überführung ins Langzeitgedächtnis erfolgt durch die Bewertung als bedeutungsvoll bzw. durch aktives Überführen z.B. durch mehrmalige Nachsprechen (op. Cit., S. 21). Unterbrechungen oder störende Zusatzwahrnehmungen können dazu führen, dass eine Information nicht aus dem Ultrakurz- bzw. Kurzzeitgedächtnis in das Langzeitgedächtnis überführt wird und somit später nicht mehr präsent ist. (Vester, 1978/2018, S. 59-67). Das Langzeitgedächtnis selbst ist in verschiedene Gedächtnisformen unterteilt, welche jedoch sehr stark miteinander vernetzt sind. Zunächst ist hier das deklarative, explizite Gedächtnis zu nennen, welches sich weiter in ein episodisches und ein Wissens- bzw. Faktengedächtnis unterteilt. Daneben gibt ein prozedurales Gedächtnis, welches implizit, also nicht abrufbar ist und ein emotionales Gedächtnis, welches Handlungen mit Konsequenzen und Gefühlen verknüpft und diese Verknüpfung abspeichert (op. cit., S. 26-27).

2.1.1. Aufbau des Limbischen Systems

Ein Teil des Gehirns, welcher an verschiedenen Zentren verortet ist, vermittelt Affekte, Emotionen und Motivationen und steuert auf diese Weise in erheblichem Maße den Lernerfolg. Es handelt sich um das Limbische System, in dessen Zentren positive und negative Gefühle, Gedächtnisorganisation, Aufmerksamkeits- und Bewusstseinsteuerung und die Steuerung vegetativer Funktionen entstehen. Dabei werden Erfahrungen hinsichtlich ihrer Vorteilhaftigkeit bzw. Nachteiligkeit bewertet und aus dieser Bewertung Schlüsse für eine Wiederholung gezogen. Außerdem prüft das limbische System, ob eine Situation bekannt ist oder einer bekannten Situation ähnelt und welche Erfahrungen gemacht wurden (Herrmann, 2009, S. 60-61). Von

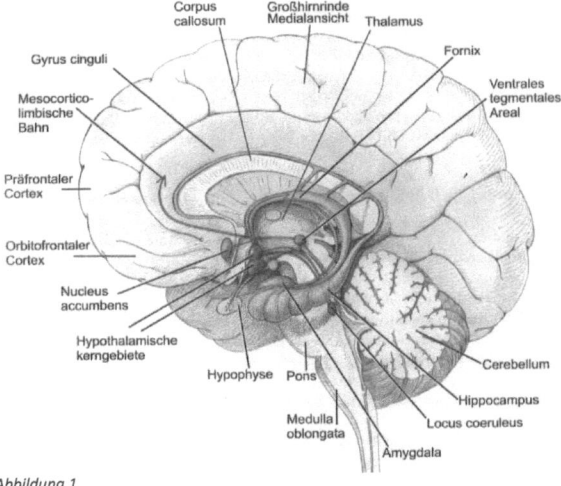

Abbildung 1

besonderer Bedeutung sind die limbischen Anteile der Großhirnrinde (Cortex) für Emotionen und Motive und bewusste kognitive Leistungen, der Hippocampus als Organisator des bewusstseinsfähigen, deklarativen Gedächtnisses, die Amygdala für die emotionale Konditionierung, das mesolimbische System als Belohnungssystem, sowie neuromodulatorische Systeme für die Steuerung der Aufmerksamkeit, Motivation , Interesse und Lernfähigkeit durch die Neuromodulatoren Noradrenalin, Dopamin und Acetylcholin (op.cit., S. 60).

2.1.2. Das Gedächtnis als kognitive Struktur

Das Gedächtnis ermöglicht das Aufnehmen von Informationen über sensorische Reize, das Einspeichern bzw. Encodieren dieser Informationen, das langfristige Speichern bzw. Konsolidieren und den späteren Abruf dieser Informationen bei Bedarf. (Petermann, 2018, S.26-27). Die Gesamtfunktion dieser Abläufe erfordert die Beteiligung verschiedener Hirnregionen. So findet z.B. die langfristige Speicherung u.a. in der Hirnrinde statt, während für die Encodierung und Abruf Hippocampus und Amygdala eine große Rolle spielen. Viele Faktoren sind an einer erfolgreichen Langzeitspeicherung beteiligt. So findet z.B. eine bessere Aufnahme und Verarbeitung der Information statt, wenn eine Information eine emotionale Bedeutung hat oder wenn die Aufnahme der Information mit erhöhter Aufmerksamkeit erfolgt (op.cit., S. 27). Beim späteren Encodieren, also dem Entspeichern, ist eine mögliche Verknüpfung der Information mit Eselsbrücken bzw. Bildern, Szenen oder Oberbegriffen, hilfreich. Dies lässt sich als Hilfe beim Erlernen neuer Informationen nutzen, indem das zu Lernende zuvor in Kategorien geordnet und/oder Assoziationen gebildet werden. Das Einspeichern bzw. Konsolidieren einer Information ist besonders erfolgreich, wenn Lerninhalte kurz sind und Pausen beinhalten, da die neuronalen Strukturen weiterhin aktiv sind und so die neuen Informationen effektiver speichern können. Die Speicherleistung nimmt weiterhin zu, wenn die Informationen wiederholt abgerufen und die entsprechende neuronale Struktur damit genutzt wird (op.cit. 27-30).
Voraussetzung für den Prozess des Lernens ist die sogenannte synaptische Plastizität. Damit sind adaptive Prozesse innerhalb des neuronalen Netzwerks gemeint, bei denen nach Anforderung neue synaptische Verbindungen gebildet, bestehende verstärkt und ungenutzte wieder abgebaut werden. Die Speicherung erfolgt durch Verknüpfung verschiedener Sinneseindrücke oder Informationen, bei der mehrere Nervenzellen zu einem Zellverband zusammengeschaltet und synchron

aktiviert werden. Durch die gleichzeitige Aktivität verstärken sich die synaptischen Verbindungen, welche durch diesen Prozess schneller und effizienter kommunizieren können. Dies erfolgt nach der Hebb'schen Regel „Cells that fire together, wire together" (op.cit., S. 39-40). Mit dieser Verschaltung wird ein Erregungsmuster gespeichert, welches bei späterem Abruf reaktiviert wird.

2.1.3. Neurophysiologische Verarbeitung von Lernprozessen

Um die Vorgänge des Lernens zu verdeutlichen, ist zunächst ein Blick auf die anatomischen Grundlagen erforderlich. Die Anzahl der Nervenzellen des menschlichen Gehirns wird von Anatomen auf rund 1000 Milliarden geschätzt, dabei hat jede Nervenzelle mit ca. 10.000 bis 20.000 anderen Neuronen Kontakte, sogenannt synaptische Verbindungen (Rösler, 2011, S. 17). Auf der Ebene der synaptischen Verbindungen hat Donald Hebbs 1949 in der Hebb'schen Lernregel formuliert, dass bei Neuronen, welche wiederholt gemeinsam aktiviert werden, die Verbindungsstärke zwischen diesen Neuronen steigt, so dass das Zielneuron leichter bzw. schneller erregt wird. Dieser Lern- bzw. Verstärkungsprozess kann sich bis zu einem Grenzwert steigern, jedoch kann sich bei geringer Nutzung der Verbindung diese auch wieder reduzieren (op.cit., S. 31-32). Der Anreiz für den Organismus ist in hohem Masse von der Antizipation einer Belohnung abhängig, hier spielt ein Neurotransmitter, das Dopamin, eine große Rolle. Das Dopamin wird direkt an synaptischen Übergängen ausgeschüttet und beeinflusst damit andere Neuronen in ihren Arbeitseigenschaften, ist aber auch an der grundsätzlichen Funktion unseres motorischen Systems beteiligt (op.cit., S. 114).

Die Qualität der Speicherung von Lerninhalten, sowohl im deklarativen, als auch im prozeduralen Gedächtnis ist nach dem Ergebnis entsprechender Studien von einer guten Konsolidierung im Schlaf abhängig. Diese Konsolidierung, welche sowohl durch kurze Schlafphasen im Laufe des Tages, aber auch durch ausreichenden Nachtschlaf erfolgen kann, hat eine deutlich bessere und langfristigere Abspeicherung der Lerninhalte zur Folge. Die Konsolidierung erfolgt durch Überführung transistent gespeicherter Inhalte in dauerhafte Gedächtnispuren sowie durch assoziative Bahnungen, d.h. ableitbare Assoziationen und Verknüpfungen mit vorhandenem Wissen während des Schlafs (op.cit., 199-208). Bedeutsam für die Stärke eines möglichen Lerneffekts ist u.a. der sogenannte Vorhersagefehler. Dies bedeutet, dass die Aktivität der Neuronen und damit auch das Lernen zunimmt, wenn eine positive

Abweichung zwischen einer erwarteten Verstärkung und dem tatsächlichen Auftreten oder ein Ausbleiben oder Reduktion eines aversiven Verstärkens stattfindet, (op.cit., S. 144). Effektive Lernformen stellen die Habituation und die Sensitivierung statt. Die Habituation ermöglicht konzentriertes Fokussieren während störender Einflüsse, während die Sensitivierung es ermöglicht, geringe Reizempfindungen zu fokussieren. Die Habituation stellt damit eine Abnahme der Reaktion auf einen wiederholten, identischen Stimulus dar, während die Sensitivierung eine Verstärkung des Verhaltens nach wiederholter Stimulation bedeutet (Funke & Frensch, 2006, S .220).

2.1.4. Gedächtnis und Informationsverarbeitung

Die in 2.1.1. beschriebene neurophysiologische Grundlage der Hebb'schen Lernregel lässt sich auf das Lernen als Informationsverarbeitung in Sinne einer Übertragung von Informationen aus dem Arbeitsgedächtnis in das deklarative Langzeitgedächtnis übertragen. Das deklarative Gedächtnis stellt den expliziten Teil des Gedächtnisses dar, also den Teil, welcher bewusst zugänglich und abrufbar ist (Brünken, Münzer & Spinath, 2019, S. 128). Das Übertragen geschieht hier über Assoziationsbahnen, welche besser und schneller arbeiten, wenn diese häufiger genutzt bzw., abgerufen werden. Erfolgreiche Speicherprozesse verknüpfen neue Informationen mit bereits vorhandenen und ordnen die neuen Informationen in Kategorien. Eine erfolgreiche Lernstrategie testet zeitlich verteilt die neuen Informationen durch Abruf, wodurch die Assoziationsbahnen gestärkt und die Aktivierung erhöht wird (op.cit, S. 128-129).

Menschen unterscheiden sich in ihrer Leistungsfähigkeit beim Lernen, was durch entsprechende psychometrische Intelligenztests gemessen werden kann. In einem gewissen Maße ist durch gezieltes Training und langfristige Intervention eine Förderung dieser Leistung möglich, jedoch sind dieser Förderbarkeit der kognitiven Leistungsfähigkeit durch das vorhandene, individuelle Potenzial Grenzen gesetzt, (op.cit., S. 182-183). Der Lernerfolg ist auch in besonderem Maße von der Fähigkeit zu einer Selbstregulation des Lernens im Unterschied zu einer Fremdregulation (z.B. durch Lehrer) abhängig. Ein derartiges Lernen unter Einsatz von Strategien lässt sich aufgrund der eingesetzten, planmäßigen Verhaltensmuster in lernprozessbezogene, lernzielbezogene, metakognitive, ressourcenbezogene, motivationale und emotionale Strategien unterscheiden (op.cit., S. 226).

Beim Lernen in Gruppen ist ein den Kompetenzen angepasstes Lerntempo förderlich, welches Schüler*innen nicht überfordert und damit unter Druck setzt, aber auch die

Schüler*innen nicht durch Unterforderung langweilt. Angst beim Lernen kann insbesondere im schulischen Unterricht Lernprozesse behindern und die Konzentration stören, wobei Lehrkräfte dazu beitragen sollten, diese zu reduzieren (op.cit., S. 318-319). Auch sind die Lehrkräfte selbst durch ihre Professionalität, aber auch durch ihre Persönlichkeit ein entscheidender Faktor für den Erwerb von Fähigkeiten und Fertigkeiten bei Schüler*innen. (op.cit. S. 320).

2.2   Rahmenbedingungen erfolgreichen Lernens

Für alle erfolgreichen Lernprozesse sind bestimmte Rahmenbedingungen und Voraussetzungen erforderlich. Dies sind sowohl personale, aber auch soziale und strukturelle Anforderungen. Dabei gelten Einflüsse wie z.B. Motivation oder Stress in jedem Lebensalter als ein das Lernverhalten beeinflussender Faktor, aber das Maß der Beeinflussung kann in der hier fokussierten Primarschulzeit ein anderes sein, als im späteren Lebensalter. Darüber hinaus haben Erwachsende z.T. Kompensationsmöglichkeiten, etwa durch extrinsische Motivationen, die Kindern in der Primarschulzeit so nicht zu Verfügung stehen.

2.2.1. Bedeutung der Motivation für das Lernen

Neben der Aufmerksamkeit, der Konzentration und der Vermeidung eines Vergessensprozesses ist die Motivation ein sehr entscheidender Faktor für die erfolgreiche Speicherung neuer Wissensinhalte. Dabei sind intrinsische Motivationen und extrinsische Motivationen, wie z.B. eine Belohnung für einen Leistungserfolg, zu unterscheiden. Selbstbestimmtes bzw. selbstgesteuertes Lernen verlangt ein Mindestmaß an intrinsischer Motivation, welche sich in erster Linie durch persönliche Interessen und Zeile definiert (Petermann, 2018, S. 53). Intrinsische Motivationen sind z.B. Neugier, die Anreizmotivation und die Leistungsmotivation. Bei der Anreizmotivation stimmt die eigene, empfundene Handlungskompetenz mit einer Anforderung überein, so dass sich ein Erfolgserlebnis einstellt, welches sich weiter positiv auf die Leistungsfähigkeit auswirkt. Die Leistungsmotivation folgt einem persönlichen Bedürfnis nach Leistung, wobei der Grad der Motivation von dem Verhältnis der Hoffnung auf Erfolg und der Furcht vor Misserfolg abhängig ist. Eine hohe Motivation besteht danach aus einer hohen Hoffnung auf Erfolg und einer geringen Furcht vor Misserfolg. Menschen mit einer hohen Motivation haben dabei häufig ein realistisches Anspruchsniveau und wählen meist Aufgaben mittlerer Anforderung (Kröninger & Pietzsch, 2014, S. 43-45).

Eine weitere Voraussetzung für erfolgreiches Lernen und die dazu erforderliche Motivation ist die Verknüpfung mit positiven Emotionen. In einem aktiven und ungestörten Zustand und dem völligen Aufgehen in dieser anspruchsvollen Tätigkeit stellt sich ein sogenannter "Flow-Zustand" ein. Dieser Zustand fördert die Leistungsfähigkeit von Lernenden, daher sollten Lernprozesse so gestaltet sein, dass die Lernenden möglichst häufig von diesem Flow-Erleben profitieren können (Petermann, 2018, S. 62).

2.2.2. Voraussetzungen für erfolgreiches Lernen

Erfolgreiches Lernen wird von vielen Faktoren beeinflusst. Eine erste, wichtige Voraussetzung ist die eigene Zielsetzung, welche das eigene Lernziel verdeutlicht und diesem Lernziel eine Priorität zuweist. Die Zielvorstellung sollte dabei zu der eigenen Motivation passen. Hierauf aufbauend macht es Sinn, die Lernzeit zu strukturieren. Das bedeutet, dass für das eingangs genannte Lernziel ein realistischer Zeitraum für das Erreichen des Ziels geplant werden sollte. Dieser Zeitraum sollte anschließend in einen Lernplan umgesetzt werden, welcher Wochentage und Stunden nach der jeweiligen Verfügbarkeit berücksichtigt (Kröninger & Pietzsch, 2014, S. 109-116). Eine weitere Voraussetzung für den Lernerfolg ist emotionale Kompetenz, d.h. die Fähigkeit, eigene Emotionen wahrzunehmen und auszudrücken, Empathie gegenüber anderen Personen, die Fähigkeit sich über Emotionen auszutauschen, die Kenntnis über Auslöser eigener Emotionen und die Fähigkeit, positive und negative Emotionen zu regulieren (Petermann, 2018, S. 65).

Da ein erfolgreiches und effektives Lernen nur in einer positiven Umgebung möglich ist, sollte der Arbeitsplatz entsprechend gestaltet werden. Das bedeutet entsprechende Anforderungen an den Arbeitsplatz, Temperatur, Belüftung, Licht, mögliche Farbwirkungen sowie Ordnung bzw. Anordnung von Arbeitsmitteln (op.cit., S.118). Beim Lernen selbst sind zur Verbesserung der Abrufbarkeit sogenannte Primärstrategien empfehlenswert. Dies sind Wiederholungsstrategien, z.B. durch Memorieren mittels Karteikarten, die organisierende Strategie, z.B. durch Reduktion großer Stoffmassen durch Sinneinheiten und die Elaboration, also assoziative Verknüpfungen und ähnliche Strategien als Hilfestellung (op.cit., S. 119).

Aufgrund der unterschiedlichen Verarbeitungsprozesse in den beiden Gehirnhälften ist es für ein erfolgreiches Lernen sinnvoll, den Lernprozess durch Verknüpfung mehrerer Sinne und Eingangskanäle zu gestalten. Als grobe Orientierung kann man sich vor Augen führen, dass gut 20 % der auditiven Informationen, 30 % der visuellen Informationen, 50 % der Informationen, bei denen diese beiden Sinne involviert sind sowie 90 % von selbst ausgeführten Prozessen gespeichert werden (Grotian & Beelich, 1999, S. 31). Der Prozess des Abspeicherns neuer Lerninhalte benötigt Zeit, aber auch Lernpausen und Wiederholungen, woraus sich das Erfordernis von z.B. schulischen Wiederholungen, in Form von Hausaufgaben oder anderen Wiederholungsformen ableitet (op.cit., S. 31).

2.2.3. Mathetik vs. Didaktik

Der Begriff Didaktik ist allgemein geläufig und beschreibt die wissenschaftliche Ausrichtung einer Lehre der Techniken des Lehrens und Lernens. Als pädagogische Disziplin ist die Didaktik damit ein wichtiger Teil der Lehrerausbildung. Infolge dieser fachlichen Verortung ergibt sich die Perspektive der Didaktik, welche den Schwerpunkt im Lehren, als in den Techniken der Übertragung von Wissen hat (Bahzin, 2017, S. 43). Aus der Betrachtungsweise, die Perspektive, Anforderungen und Bedürfnisse der Schüler*innen außer Acht zu lassen, haben sich Lernmethoden gebildet, welche in der Vergangenheit besonders stark vertreten waren, aber auch z.T. heute noch präsent sind. Zu diesen Beispielen einseitiger Unterrichtung ist im weitesten Sinne der Frontalunterricht zu zählen. Ein Begriff für das einseitige Vortragen bzw. Präsentieren des Lehrstoffes ohne jede Berücksichtigung der lernenden Personen ist das Modell des „Nürnberger Trichters" (op.cit, S. 44).   Der Begriff geht auf einen Titel des Nürnberger Dichters

Harsdörffer aus dem 17. Jahrhundert zurück. Aus der bildlichen Vorstellung des „Eintrichterns" wurde die Vorstellung generiert, es sei möglich, Lerninhalte ohne Aufwand und Anstrengung zu übertragen. Die danach eher scherzhaft benannte Didaktik hat die Prämisse, dass die Lehrer allen alles vermitteln können, nur der Lehrer weiß, wie das Wissen am besten zu vermitteln ist und nur er steuert den Lernprozess. Die Schüler*innen müssten nur den Lernstoff aufnehmen, dann geschieht das Lernen von allein. Der Lehrer hat hier ansonsten nur die Aufgabe, Antworten zu geben (Stangl, 2021). Lernmodelle nach einer entsprechenden Didaktik waren früher weit verbreitet, z.B. durch das frontale Unterrichten, haben aber in vielen Bereichen bis in die heute Zeit überdauert. Die Vorstellung, Lernen sei durch ausschließlich auditives Nutzen von

Lernmedien quasi im Schlaf möglich, basiert auf ähnlichen Gedanken. Die Nürnberger-Trichter-Didaktik lässt jedoch völlig unberücksichtigt, dass Lernen nicht passiv geschieht, sondern dass Lernen ein aktiver Prozess ist, welcher von vielen individuellen Gegebenheiten abhängig ist.

Die moderne Didaktik berücksichtigt die neurophysiologischen Grundlagen des Lernens, beschäftigt sich hier jedoch weitgehend mit der Perspektive des Lehrenden und der Lehrmittel. Im Gegensatz dazu blickt die Mathetik aus der Perspektive des Lernenden auf das Lernen. Die Mathetik sieht dabei den Lernprozess ganzheitlich, wobei die Einflussgrößen betrachtet werden, welche im Bereich des Lernenden liegen, dem sogenannten Lernraum. Bahzin definiert diesen als ein Haus mit vier Wänden, den Lerntypen, den Lernstilen, den Lernmodi sowie den Emotionen. Das Dach besteht aus Motivation, Zielen, Life-Learning-Balance und dem effizienten Umgang mit Zeit (Bahzin, 2017, S. 45-46).

2.2.4. Auswirkungen von Stressoren

Wie schon in 2.2.2. ausgeführt ist eine emotionale Kompetenz und eine förderliche Lernumgebung eine Voraussetzung für ein erfolgreiches Lernen. Sowohl die mit dem Lernen verknüpften, positiven Emotionen, als auch die positive Lernumgebung können durch Lernstressoren beeinträchtigt werden. Solche Stressoren können z.B. Zeitdruck, zu hohe Erfolgserwartungen, Schlafmangel, Gruppendruck, Ablenkung, Fehlende Unterstützung oder private Probleme sein (Bahzin, 2017, S. 91). Ein starker, akuter Stress, z.B. bei Prüfungen, kann zur sogenannten „Denkblockade" führen, hier unterbinden die Stresshormone Adrenalin und Noradrenalin die Weiterleitung von Impulsen zwischen Synapsen und angeschlossenen Fasern (Vester, 1978/2018, S.99-104). Dieser Lernstress tritt häufig in Prüfungssituationen auf, aber der Stress kann auch chronisch werden. Zu unterscheiden ist noch der positive Stress, auch Eustress genannt, vom negativen Stress, dem Distress. Während der Eustress durch kurzfristige Ausschüttung von Hormonen wie Adrenalin und Noradrenalin Leistungsreserven mobilisiert, führt der Distress, insbesondere bei chronischem Stress durch das Hormon Cortisol zu gesundheitlichen Schäden. Eine solche Belastung durch Dauerstress führt letztlich zu einer neuronalen Atrophie, Reduktion der Neurogenese und zu einer Beeinträchtigung der synaptischen Plastizität, somit zu einer erheblichen Lernhemmung (op.cit., S. 90-91). Das Yerkes-Dodson-Gesetz zur Leistungsfähigkeit unter Stress sagt aus, dass ein niedriger Stresspegel mit einer geringen Lernfähigkeit einhergeht, jedoch ein moderater, nur akuter Stress einen optimalen Lernzustand fördert. Erst bei einer weiteren Steigerung oder Chronifizierung überwiegt der Negativeinfluss und es folgen Lernblockaden bis zum Blackout. Der optimierte, durch mittleren Stress bzw. passende Anforderung unterstützte Lernstand gleicht etwa dem Flow-Erleben (op.cit., S 94). Sofern sich Anzeichen für chronischen Stress zeigen, sollte diesem möglichst mit entsprechender Reduktion der Ursache, verbessertem Zeitmanagement, aber auch ausgleichenden und entspannenden Tätigkeiten, z.B. sportlichen Aktivitäten, gegengesteuert werden.

2.2.5. Verschiedene Lerntypen

Grotian und Beelich unterscheiden neun verschiedene Lerntypen. Sie beschreiben dabei den visuellen, den auditiven, den audiovisuellen, den haptischen, den olfaktorischen, den abstrakt-verbalen, den kontakt- bzw.- personenorientierten, den mediumorientierten und den einsicht- bzw. sinnanstrebenden Lerntyp. Die Lerntypen werden durch ein Grundmuster im Gehirn und bzw. die Form des Denkens bestimmt und beschreiben die Art des Aufnehmens, Verarbeitens und Speicherns von neuen Informationen beim Lernenden (Grotian & Beelich, 1999, S. 36). Dabei ist der jeweilige Lerntyp nur ein Grundmuster, es besteht jedoch nie allein, sondern immer nur in Kombination und in einer mehr oder weniger starken Ausprägung in Form eines Mischtyps. All diese Mischtypen haben die Fähigkeit, sich den jeweiligen Gegebenheiten anzupassen, haben aber individuelle Präferenzen. So z.B. ist der Lernerfolg bei vorwiegend kontakt- bzw.- personenorientierten Lerntypen von der Sympathie zum Lehrenden abhängig, von einer unsympathischen Lehrperson würden sie keine Erklärungen annehmen. Visuelle Lerntypen benötigen eine bildliche Darstellung, während mediumorientierte Lerntypen sich die Erklärung gern selbst an geeigneten Medien ableiten. Für eine positive Vermittlung von neuen Wissensinhalten ist es für die Pädagogen hilfreich, Kenntnis über die Lerntypen der Klasse zu haben, jedoch gerät eine aktive Umsetzung des Eingehens auf alle Lerntypen aufgrund der Anzahl verschiedener Mischtypen, welche mit der Zahl der Schüler der Klasse nahezu identisch sein kann, an ihre Grenzen (op. cit., S. 36-37).

2.2.6. Positive Lernprozesse in der Primarschulzeit

In den ersten Schuljahren sind Kinder in ganz besonderem Masse auf eine förderliche Lernumgebung und kompetente Pädagog*innen angewiesen, die in dieser Zeit eine wichtige Orientierungshilfe sind. Auf der einen Seite können erwachsene Vorbilder in dieser Zeit durch Aktivierung der Spiegelneuronen das Beobachtungslernen fördern

(Herrmann, 2009, S. 54-55). Auf der anderen Seite ist der Halt und die Sicherheit, die erwachsene Vorbilder den Kindern geben, eine Voraussetzung um Angebote zu nutzen, Kreativität zu entwickeln, die eigenen Fähigkeiten und Möglichkeiten zu entdecken und dabei Selbstwirksamkeit zu erleben. Die Kinder müssen erfahren und erleben können, dass Wissen und Bildung wertvoll ist, dass sie sich aktiv an Gestaltungsprozessen beteiligen können, dass sie Freiräume haben und nicht überfordert werden, sie mit ihren Bedürfnissen gehört werden, aber auch eigene Erfahrungen durch Probieren machen können (op.cit., S. 46-47.). Der von Csikszentmihaly & Csikszentmihaly näher beschriebene Prozess des Flow-Erlebens ist bei Kindern in besonderem Masse geeignet, die Weiterentwicklung und Verfeinerung von Fähigkeiten anzuregen. Bei Kindern, denen optimal passende Anforderungen geboten werden, entsteht die Anregung, zunehmend höhere Anforderungen zu suchen, um das angenehme Gefühl des Flow-Erlebens wiederholt zu erleben. Daher sollte im schulische Kontext auf die Vermeidung von Über– und Unterforderung sowie motivierende und stimulierende Herausforderungen für die Kinder geachtet werden (Folta-Schoofs & Ostermann, 2019, S. 177). Insbesondere in der Grundschulzeit ist eine ausgewogene Ernährung von großer Bedeutung für die motorische und somatische aber auch für die kognitive Entwicklung. Die Versorgung des kindlichen Körpers mit einer vollwertigen Ernährung hat sowohl langfristige Auswirkungen hinsichtlich der Fähigkeit zur Aufnahme, Verarbeitung und Speicherung neuer Wissensinhalte, macht sich aber auch durch die Aufmerksamkeit und Problemlösefähigkeit im Unterricht bemerkbar. (Folta-Schoofs & Ostermann, 2019, S. 195-197). Die positiven Auswirkungen von Bewegung und körperlicher Aktivität auf die Gesundheit und Leistungsfähigkeit sind hinreichend wissenschaftlich belegt. Sportliche Aktivität kann zum einen helfen, sensomotorische Defizite auszugleichen, wie etwa in der Motopädagogik umgesetzt, kann zum anderen durch die Erhöhung der Gehirndurchblutung und Steigung von Neurotransmittern die neuronale Lernfähigkeit stimulieren und das emotionale Wohlbefinden steigern. Entsprechende Bewegungsangebote sollten daher im Kontext der schulischen Lernumgebung obligatorisch in hinreichenden Umfange implementiert sein (op.cit., S. 198-206). Nach der Bindungstheorie von Bowlby und Ainsworth fördert eine sichere Bindung das Neugier- und Explorationsverhalten und in der Folge das Selbstvertrauen und die Identitätsbildung des Kindes. Dies stellt eine wesentliche Voraussetzung für den Entwicklungsprozess und die Lernfreude, Lernmotivation und Offenheit gegenüber neuen sozialen Erfahrungen dar. Da nach Schätzungen ca. 20-30 % eine unsicher-vermeidende und ca. 10-15 % eine ambivalente Bindungserfahrung oder sogar ein Bindungstrauma haben, ist das frühkindlich geprägte Bindungsverhalten ebenfalls von großer Bedeutung, um positive Lernprozesse zu ermöglichen. (op.cit, S. 207-213.).

3. Fazit

Bei Kindern in der Primarschulzeit ist die Neuroplastizität deutlich höher, als bei Erwachsenen, gleichwohl sind die neurophysiologischen Grundlagen des Lernprozesses identisch. Der Lernprozess als solcher geht mit einer Bildung neuer und Verstärkung bestehender Verknüpfungen der Neuronen einher. Dabei verstärken sich die Verknüpfungen durch wiederholte Anforderung, aber sie benötigen für die Konsolidierung auch eine Phase ohne Anforderung. Die Speicherleistung ist dabei in hohem Masse von der Assoziation der Speicherinhalte abhängig, welche durch das limbische System durch Emotionen, Affekte, Ähnlichkeiten mit Erlebtem sowie der potenziellen Nützlichkeit bzw. Vorteilhaftigkeit abhängig.

Die bisher dargestellten Rahmenbedingungen und Voraussetzungen für effizientes Lernen lassen sich konkret für den Unterricht in der Primarschulzeit nutzen. In den Jahren des Grundschulbesuchs werden Grundlagen für die Freude am Lernen gelegt, welche hier auch besonders positiv gefördert werden können. Hier ergeben sich vielfältige Möglichkeiten, sowohl durch ansprechende, kindgerechte Unterrichtsräume, als auch durch eine positive und freundliche Lernumgebung. Die mit dem Schulbesuch bei den Kindern assoziierten Emotionen sind dabei ein sehr wichtiges Kriterium für den Lernerfolg. Auch lässt sich hier leicht spielerisch ein kindgerechtes Belohnungssystem einführen, welches individuell angepasst ist und somit nicht wegen Leistungsunterschieden ausgegrenzt.

Für die Unterrichtsgestaltung bieten sich zur besseren Speicherung von Wissensinhalten kurze Pausen, auch während der Unterrichtseinheiten an, welche so zum Konsolidieren beitragen. Diese Kurzpausen können mit kreativ-spielerischen oder mit Bewegungsangeboten gefüllt sein, da die Bewegung zusätzlich positive Emotionen schafft und auch die Durchblutung fördert. Für die Wiedererkennung und damit besseren Lerneffekt ist auch in der Grundschulzeit z.T. schon fächerübergreifender Unterricht denkbar, es können aber auch bewusst Eselsbrücken, Karteikarten oder bildliche Darstellungen in den Unterricht integriert werden, umso besser memoriert zu werden. Schriftliche Wiederholungen, z.B. Hausarbeiten oder in der Ganztagsbeschulung eigenverantwortliches Widerholen dient ebenfalls diesem

Zweck. Die Anforderungen des Unterrichts sollten inhaltlich an das Leistungsniveau angepasst sein und auch eine Lernzieldiversität im Klassenverband fördern. Durch die optimierte Anforderung ist auch bei Grundschulkindern die beste Motivation zu erreichen.

Die pädagogischen Fachkräfte sollten eine Stressvermeidung der Kinder im Blick haben und auch die individuellen Lerntypen der Kinder kennen und berücksichtigen. Eine solche Berücksichtigung von Lerntypen ist beispielsweise praktisch umsetzbar in Rahmen von Gruppenarbeiten bzw. Lern- bzw. Arbeitsgruppen.

Insbesondere in Anbetracht der zunehmenden Ganztagsbeschulung sollte seitens der Schulen den ernährungsphysiologischen Anforderungen für ein wertvolles Schulessen Rechnung getragen werden. Die Ernährung bildet einen wichtigen und unverzichtbaren Baustein für die Schaffung guter Lernvoraussetzungen. Gleichzeitig ist eine gemeinschaftliche und hochwertige Schulmahlzeit einem Abbau sozialer Unterschiede zuträglich, da so allen Schüler*innen eine vergleichbare Ernährungsgrundlage zu Verfügung steht. Bausteine einer gesunden Ernährung können auch im Bereich des Sachkundeunterrichts schon Grundschulkindern in kindgerechter Form nahegebracht werden.

Da nicht allen Kindern ausreichende Bewegungsangebote zu Verfügung stehen, sollten zusätzlich zum Sportunterricht kurze Bewegungseinheiten ein bis zwei Mal täglich zwischen den Unterrichtseinheiten implementiert werden. Diese zusätzliche Bewegung fördert ebenfalls den Lernerfolg, schafft aber auch positive Emotionen und Motivation bei den Kindern.

Hilfreich kann es ebenfalls sein, wenn die pädagogischen Fachkräfte das Bindungsverhalten ihrer Schüler*innen kennen bzw. ihnen eine unsicher-vermeidende, ambivalente oder desorganisierte Bindung auffällt. Eine solche Sekundärstrategie des Bindungsverhaltens kann sich im Grundschulalter oder später noch ändern, dabei kann ein/e Pädagog*in zur Bindungsperson werden. Pädagog*innen sollten diese Thematik zumindest in Grundzügen kennen und sich dessen bewusst sein, da die Bindung großen Einfluss auf die Lernmotivation hat. Allgemein kommt dem pädagogischen Personal besonders in der Primarschule durch deren Vorbildfunktion eine Schlüsselrolle für die Freunde am Lernen und für den Lernerfolg zu.

All diese Anforderungen bedeuten natürlich einen höheren pädagogischen Aufwand, welcher sich auch im Personalschlüssel niederschlägt. Diese sollten jedoch heute, mithin 12 Jahre nach Ratifizierung der UN-Behindertenrechtskonvention, eigentlich selbstverständliche Anforderungen an das Schulsystem sein. Eine inklusive Gesellschaft heißt jegliche Vielfalt willkommen, dies beinhaltet selbstverständlich auch unterschiedliche Lerntypen und vielfältige, soziale und personale Unterschiede in den Lernvoraussetzungen der Kinder.

Die dafür erforderlichen personellen und strukturellen Gegebenheiten muss unsere Gesellschaft auf der Rechtsgrundlage der Verpflichtung zur Entwicklung eines inklusiven Schulsystems bereitstellen.

II.   Literaturverzeichnis:

Bahzin, A. (2017): *Lernen lernen in Studium und Weiterbildung.* Schäffer-Poeschel Verlag GmbH, Stuttgart

Brünken, R., Münzer, S., Spinath, B. (2019): *Pädagogische Psychologie – Lernen und Lehren.* Hogrefe Verlag GmbH & Co. KG, Göttingen.

Dudel, J., Menzel, R., Schmidt,R.F. (Hrsg.) (2001): *Neurowissenschaft – Vom Molekül zur Kognition.* 2. Auflage. Springer Verlag, Berlin & Heidelberg

Folta-Schoofs,K., Ostermann, B. (2019): *Neurodidaktik.* Verlag W.Kohlhammer GmbH, Stuttgart

Funke, J., Frensch P.A. (Hrsg.) (2006): *Handbuch der Allgemeinen Psychologie - Kognition.* Hogrefe Verlag GmbH & Co. KG, Göttingen.

Grotian, K., Beelich, K.H. (1999): *Lernen selbst managen.* Springer Verlag, Berlin & Heidelberg

Herrmann, U., (Hrsg.) (2009): *Neurodidaktik.* 2.Auflage. Beltz Verlag, Weinheim & Basel

Kröninger, K., Pietzsch, T. (2014): *Lernen – Grundlagen, Voraussetzungen, Anwendungen.* Peter Lang GmbH – Internationaler Verlag der Wissenschaften, Frankfurt am Main

Nissen, G. (Hrsg.) (1977): *Intelligenz, Lernen und Lernstörungen.* Springer Verlag, Berlin & Heidelberg

Petermann, F., Petermann, U. (2018): *Lernen – Grundlagen und Anwendungen.* 2. Auflage. Hogrefe Verlag GmbH & Co. KG, Göttingen

Rösler, F. (2011): *Psychophysiologie der Kognition.* Spektrum Akademischer Verlag, Heidelberg.

Stangl, W. (2021): *Nürnberger-Trichter-Didaktik.* (URL: https://lexikon.stangl.eu/10162/nurnberger-trichter-didaktik [letzter Zugriff 14.11.2021]). Werner Stangl, Wien, Linz & Freiburg

Vester. F. (1978/2018): *Denken, Lernen, Vergessen.* 38. Auflage. dtv Verlagsgesellschaft mhH & Co. KG, München